AF592418

Deuxième Vente MONBRO

Par suite d'expropriation et de cessation de commerce.

MEUBLES, BRONZES

PORCELAINES, MARBRES

BEAU SERVICE EN ANCIENNE PORCELAINE DE SÈVRES
(pâte tendre

DEUX SALONS EN BOIS SCULPTÉ ET DORÉ

MAGNIFIQUE PLAFOND *par FRANÇOIS BOUCHER*

BELLES TAPISSERIES, ETC.

VENTE RUE DU HELDER, 19

Les Mardi 21, Mercredi 22, Jeudi 23, Vendredi 24
et Samedi 25 Avril 1868

A deux heures précises.

EXPOSITIONS { Particulière, le Samedi 18 Avril 1868.
Publiques, le Dimanche 19 et Lundi 20 Avril 1868.
de une heure à cinq.

Me CHARLES PILLET, COMMISSAIRE-PRISEUR | M. FEBVRE, EXPERT

1868

DEUXIÈME VENTE

MONBRO

CATALOGUE

D'OBJETS D'ART

ET D'AMEUBLEMENT

Meubles; Bronzes d'art;
Porcelaines montées et non montées;
Marbres et Terres cuites;
Très-beau Service en ancienne porcelaine de Sèvres (pâte tendre);
Deux Salons en bois sculpté: l'un provient d'un hôtel
de Mme de Pompadour, l'autre de l'hôtel Fesch;

MAGNIFIQUE PLAFOND
Par **FRANÇOIS BOUCHER;**
Belles Tapisseries anciennes, etc.

Le tout provenant des Magasins de **M. MONBRO**

DONT LA VENTE AURA LIEU
Par suite d'expropriation et cessation de commerce.

RUE DU HELDER, 19

Les Mardi 21, Mercredi 22, Jeudi 23, Vendredi 24
et Samedi 25 Avril 1868

A DEUX HEURES PRÉCISES

Par le ministère de Me CHARLES PILLET, Commissaire-Priseur,
rue de Choiseul, 11,

Assisté de M. FEBVRE, Expert, rue Saint-Georges, 14.

Chez lesquels se trouve le présent Catalogue.

EXPOSITIONS :

PARTICULIÈRE : le Samedi 18 Avril 1868,

PUBLIQUES : les Dimanche 19 et Lundi 20 Avril 1868.

DE UNE HEURE A CINQ HEURES.

CONDITIONS DE LA VENTE

Les acquéreurs payeront *cinq pour cent* en sus des adjudications.

Elle sera faite au comptant.

Ce Catalogue se trouve :

A *Paris*, chez MM.	CHARLES PILLET, commissaire-priseur, 10, rue Grange-Batelière.
—	A. FEBVRE, expert, rue Saint-Georges, 14.
A *Londres*,	H. DURLACHER, 113, New-Bond street, International Society of Fine arts, Old-Bond street, 25.
—	F. AYERST, (late Annoot), Old-Bond street, 16.
A *Bruxelles*,	ETIENNE LEROY, place du Grand-Sablon, 33, expert du musée royal.
—	HANICK, rue Royale, 126.
—	SLAAS KOCK, march. antiquaire, Longue-Rue.

Paris. imp. de PILLET fils aîné, rue des Grands-Augustins, 5.

DÉSIGNATION DES OBJETS

1 — **Salon en bois sculpté peint en blanc et doré**, composé de quatre portes à doubles vantaux surmontés de médaillons ronds richement sculptés, de quatre fenêtres dont une avec glaces remplaçant les carreaux, les trois premières avec volets intérieurs; puis quatre entourages de glaces dont deux grandes cintrées dans leurs parties supérieures, avec larges encadrements à gorges formant niches; et de douze pilastres ou colonnes plates cannelées, surmontées de chapiteaux de l'ordre dorique.

Long., 7 m. 5 cent., sur 6 m. 40 cent,
Haut. sous corniche, 4 m. 15 cent.

2 — **Très-belle Cheminée** faisant partie du salon en marbre blanc, à pans coupés et cannelés, ornés de pirouettes, de mufles de lions et d'une large frise; le tout en bronze doré.

3 — **Très-magnifique plafond** peint par **François BOUCHER**, le plus beau connu de ce maître; complétant le salon désigné d'autre part.

Il représente Vénus sur les nuages, peut-être le portrait de Mme de Pompadour. Près d'elle est assis son fils Cupidon.

Ciel immense dans lequel voltigent dix-huit petits Amours, tenant ou soutenant des guirlandes, des couronnes et des bouquets de fleurs; en bas à gauche, sont groupées les trois Grâces rendant hommage à la déesse.

4 — **Grande et belle boiserie** en bois sculpté blanc et doré, provenant de l'hôtel Fesch autrefois chaussée d'Antin, composée de quatre portes à panneaux pliants, une vitrée, une autre, entrée de jardin, et deux fausses; deux encadrements de glaces, quatre de dessus de portes, et douze pilastres.

5 — **Très-beau salon Louis XV** en bois sculpté et peint en blanc, composé de dix panneaux de diverses grandeurs, puis de trois entourages de glaces avec parquets et d'une grande porte cintrée; toutes ces pièces avec riches sculptures du plus beau style, haut et bas.

6 — **Cheminée** en marbre rouge sculpté complétant le salon désigné ci-dessus.

Porcelaines anciennes

de Sèvres, pâte tendre.

7 — Magnifique service en ancienne porcelaine de Sèvres, pâte tendre, décor fond bleu de roi à œil de perdrix. Toutes ces pièces ornées de médaillons et de bouquets de fleurs, se composent de :

Soixante-dix assiettes plates. — Dix-sept assiettes creuses. — Une soupière ronde et son plateau. — Une soupière ovale et son plateau. — Deux seaux première grandeur. — Deux autres moins grands et deux autres plus petits. — Deux verrières avec anses. — Un grand bol à huit pans : un moins grand. — Quatre compotiers ovales. — Quatre autres. — Quatre carrés. — Une glacière à double fond et à anses. — Un plat. — Quatre plateaux ronds avec vingt-quatre pots à glace. — Deux plateaux ronds avec dix pots à crème. — Deux moutardiers avec plateaux. — Deux salières à anses à trois usages. — Deux salières à deux usages. — Quatre à un usage. — Deux saucières. — Un plateau à huilier. — Deux beurriers avec plateaux. — Deux sucriers avec plateaux et couvercles.

8 — Très-belle soupière et son plateau en ancien Sèvres, pâte tendre, de forme ronde, décor dit : feuilles de choux, ornée de palmettes, de liserets bleus et de bouquets de fleurs sur fond blanc.

9 — Soupière ovale avec ornements rocaille, beau décor dit : feuilles de choux à liserets bleus, et bouquets de fleurs sur fond blanc, le bouton formé par deux artichauts.

10 — Une autre soupière semblable à la précédente avec son plateau.

11 — Charmant petit déjeuner ou solitaire, composé d'un plateau, sucrier, théière, pot au lait, tasse et soucoupe, décor avec cartouches, fleurs et quadrilles bleu et or.

12 — Très-jolie tasse avec sa soucoupe, décor cannelé bleu de roi et blanc.

13 — Petit déjeuner solitaire, composé d'un plateau, une tasse, sa soucoupe, une théière et un sucrier; charmant ensemble, décor de feuillages, de frises et de fleurs sur fond or.

14 — Tasse et sa soucoupe, ancien décor gros bleu, avec médaillons avec vase et guirlandes de fleurs.

15 — Tasse trembleuse et son présentoir, décor à bouquets.

16 — Pot à crème, même décor.

17 — Sucrier, décor de fleurs.

18 — Deux compotiers en vieux Sèvres, pâte tendre, fond blanc à filets or.

19 — Très-belle tasse trembleuse, avec sa soucoupe et son présentoir; décor à cartels de fleurs, sur fond bleu de roi à dessins or.

20 — Compotier en ancien Sèvres, pâte tendre, décor gaufré à bouquets.

21 — Autre compotier en ancien Sèvres, décor à bouquets.

22 — Très-belle tasse et sa soucoupe, décor Dubarry avec fond rose et guirlandes de fleurs.

23 — Sucrier, décoré de fleurs.

24 — Tasse et sa soucoupe, décor de fleurs et de médaillons avec chiffre.

25 — Deux sucriers avec couvercles et plateaux, décor à bouquets.

26 — Deux assiettes creuses, décor à cartouches or et bouquets de fleurs.

27 — Deux saucières, décor feuilles de choux à bouquets.

28 — Deux plateaux à bords contournés, ornés de médaillons de fleurs et de fruits, sur fond gros bleu.

29 — Chocolatière, décor à bouquets de roses.

30 — Deux compotiers, coquilles, décor de fleurs.

31 — Un sucrier et son couvercle, décor de bouquets.

32 — Une maronnière avec ornements à jour, bordure dorée.

33 — Cinq tasses à anses et leurs soucoupes, décor à bouquets.

34 — Sucrier, décor à bouquets sur fond blanc.

35 — Théière, même genre de décor.

36 — Soucoupe, décor à bouquets.

37 — Grand bol, même décor.

38 — Deux tasses, même décor.

39 — Deux autres tasses à anses, même décor.

40 — Un lot de plaques en ancienne porcelaine de Sèvres tendre, en blanc, vingt-et-une pièces.

41 — Cinq plaques en Sèvres tendre, dont trois décorées de fleurs.

Porcelaines anciennes

de la Chine et du Japon, non montées.

42 — Deux splendides vases à couvercles en porcelaine de la Chine; ils sont de première grandeur, les panses ornées de quatre grands médaillons de fleurs émaillées sur fond blanc et de douze autres plus petits, tous avec encadrements noirs avec rehauts d'or, offrent des fleurs variées et des feuillages; la base avec ceinture en émail vert d'eau est ornée de marguerites rouges; très-beaux pieds ou supports à jour en bois sculpté et doré.

Haut., 1 m. 20 cent.

43 — Grande et superbe potiche en ancienne porcelaine de la Chine, ornée en émaux de couleur, de trois frises et d'un paysage avec arbres et fleurs; support rocaille en bronze doré.

Haut., 95 cent.

44 — Grande et belle vasque en ancienne porcelaine de la Chine, décor de fleurs et de poissons en camaïeu bleu.

Haut., 47 cent.; larg., 53 cent.

45 — Belle potiche de première grandeur en porcelaine du Japon, riche décor en rouge bleu et or, de fleurs et de pélicans. Magnifique pièce.

Haut., 1 m. 30.

46 — Très-belle jardinière en ancienne porcelaine du Japon, décor d'arbustes et de feuillages en bleu camaïeu.

Haut., 47 cent.; larg. 60 cent.

47 — Deux vases en porcelaine de la Chine, décor émaillé à mandarins.

48 — Deux potiches à couvercles en porcelaine du Japon, décor émaillé à personnages.

Haut., 60 cent.

49 — Grande et belle potiche en porcelaine de Chine, riche décor bleu.

Haut. 95 cent.

50 — Deux grandes et belles potiches à panses renversées en porcelaine du Japon ; très-riche décor de fleurs et de quatre frises.

Haut., 60 cent.

51 — Deux grands vases en porcelaine de la Chine, décor émaillé; dragons et médaillons de mandarins.

Haut. 90 cent.

52 — Encrier en porcelaine de la Chine ayant la forme d'un oiseau.

53 — Deux vases fond rose gravé en porcelaine de Chine avec enfants en relief retenant des cordons; au revers, des fleurs émaillées.

Porcelaines

de Saxe et autres.

54 — Déjeuner en porcelaine de Saxe, composé d'un grand plateau, chocolatière, pot au lait, deux tasses et leurs

soucoupes, un sucrier et deux cuillères, riche décor sur fond jaune avec médaillons de fleurs et sujets pastoraux d'après Watteau et Lancret.

55 — Très-belle pièce, milieu de surtout de table en porcelaine de Saxe, offrant un rocher, partie en bronze doré, partie en porcelaine de Saxe. Ce rocher est dominé par deux petits tritons ailés supportés par un dauphin.

56 — Porte-montre en vieux Saxe offrant un groupe avec le Temps, tenant d'une main sa faux, de l'autre le porte-montre ; sur la terrasse formant rocher est assis un Amour.

57 — Tasse en Saxe, décor de fleurs et de paysages.

58 — Deux coupes en porcelaine pâte tendre, fond bleu turquoise ; ornées à l'intérieur de rubans entrelacés de fleurs, entourant deux Amours sur des nuages ; à l'extérieur, des médaillons avec enfants ; allégorie des saisons.

Porcelaines

de la Chine, du Japon et autres, montées en bronze doré.

59 — Deux grands et beaux cornets en ancienne porcelaine de Chine, fond bleu perse à rehauts d'or, montures en bronze doré, style Louis XV.

60 — Grande jardinière en porcelaine de Chine bleu perse et or, monture en bronze doré à feuilles de chêne.

61 — Deux jardinières en porcelaine de la Chine, décor avec encadrements de fleurs entourant des médaillons à personnages chinois; monture style Louis XVI en bronze doré.

62 — Deux grands vases émaillés en porcelaine de Chine, fond craquelé; ils sont montés en lampes et en bronze doré.

63 — Deux jolis petits vases en ancien Japon, les panses avec galeries et couvercles à jour; anciennes montures en bronze doré avec frises repercées; anses formées par des caryatides.

64 — Deux grands et beaux vases en porcelaine de la Chine, fond vert d'eau céladoné. Ils sont de forme balustre; au centre des ceintures de rosaces et de feuillages sous émail, au-dessus deux salamandres en relief; belles montures, style Louis XVI, en bronze doré.

65 — Jardinière en porcelaine de Chine fond rouge rubis; belle monture style Louis XVI en bronze doré.

66 — Deux très-beaux vases en ancienne porcelaine de la Chine, décor émaillé avec médaillons de personnages chinois dits mandarins. Ces vases sont montés en lampes et en bronze doré style Louis XVI.

66 *bis* — Deux vases en ancien Japon à huit pans avec encadrements noirs, gorge à galerie à jour; ils sont montés en lampes et en bronze doré.

67 — Vase en porcelaine de la Chine monté en bronze doré avec candélabre à lis. Sept lumières.

68 — Deux grands vases de forme ovoïde en porcelaine de Chine, fond bleu perse à rehauts d'or. Ils sont montés en lampes, bronze doré.

69 — Deux jardinières en porcelaine rouge rubis, belle monture style Louis XIV en bronze doré; anses à mufles de lions.

70 — Deux vases en porcelaine de Chine décorés de personnages émaillés, montés en lampes, ornements en bronze doré.

71 — Deux autres lampes fond rose même genre que les précédentes.

72 — Deux bouteilles en porcelaine de la Chine, fond rouge rubis; riche monture style Louis XV en bronze doré.

73 — Deux grands vases de la Chine, rouge rubis; riches montures en bronze doré.

74 — Deux vases en porcelaine de la Chine, fond rouge rubis formant candélabres à cinq lumières; tiges à lis et monture en bronze doré.

75 — Deux lampes en bronze doré; montures avec vases en porcelaine de la Chine, fond vert avec gravures sous émail, fleurs en couleur et petits enfants chinois en relief.

76 — Jardinière en porcelaine de Chine, rouge rubis, monture à draperies et feuilles d'achante en bronze doré;

77 — Deux autres même genre que la précédente, anses à mufles de lions retenant les anneaux.

78 — Deux grands vases en céladon gris craquelé; belles montures en bronze doré, style Louis XV.

79 — Jardinière en céladon gris craquelé; monture en bronze doré, style Louis XV.

80 — Vase en céladon craquelé, monture avec terrasse et anses en bronze doré.

81 — Grande et belle jardinière en porcelaine du Japon, monture en bronze doré.

82 — Deux vases en porcelaine, pâte tendre, décor fond gros bleu, avec médaillons d'Amours sur des nuages; montures en bronze doré.

83 — Deux bouquets formant candélabres à trois lumières, pouvant s'adapter aux vases précédents.

84 — Grande coupe, montée en bronze doré, en porcelaine, pâte tendre, décor fond bleu lapis; au centre, un médaillon de paysage avec oiseaux.

85 — Deux coupes, vide-poches en porcelaine, pâte tendre, monture en bronze doré avec trois dauphins.

Pendules anciennes

en marqueterie, en bronze doré et en marbre.

86 — Pendule et son socle en ancienne marqueterie de cuivre sur écaille noire; travail de l'époque de Louis XV, forme S; riches bronzes dorés.

87 — Une autre avec socle, de l'époque de Louis XIV.

88 — Superbe pendule ancienne, Louis XV. Taureau en bronze supportant le cadran; d'un côté figure de nymphe, de l'autre un Amour sur des nuages. Cette pendule repose sur un socle ancien en bois de rose, enrichi de très-beaux bronzes dorés, à l'intérieur, musique allemande jouant plusieurs airs.

89 — Belle horloge à plusieurs cadrans apparents, surmontant un secrétaire en bois satiné, les coins à pans; ces pièces sont ornées de filets de couleur et d'ornements très-fins en bronze doré.

Œuvre remarquable de l'époque de Louis XVI.

90 — Grande et belle pendule ancienne avec son socle, le tout en marqueterie de cuivre sur écaille, forme S, beaux ornements, appliques et figures en relief en bronze doré.

91 — Très-belle pendule ancienne de l'époque de Louis XV, en bronze doré, ornée de volutes et de fleurs, socle attenant

formant terrasse sur laquelle est assis un enfant astronome, le haut est dominé par un autre enfant jouant avec un coq.

92 — Magnifique pendule ancienne de l'époque de Louis XVI, en marbre blanc et bronze doré, le socle orné d'une frise d'enfants et de rosaces; de chaque côté du cadran sont deux Amours, figures allégoriques, de la sculpture et de l'architecture; le cadran dominé par une sphère et un coq.

Deschamps, horloger.

93 — Très-bonne pendule de cheminée ancienne, de l'époque de Louis XIV, les coins à pans avec caryatides, fond en écaille rouge.

94 — Grande et belle pendule en bronze doré, style Louis XIV; au-dessus du cadran, sont en bronze les figures réduites du Rhône et de la Saône, qui figurent à l'hôtel de ville de Lyon; socle en marbre griotte.

95 — Charmante pendule de cheminée, en marqueterie de cuivre sur écaille, de l'époque de Louis XIV; charmant modèle à tablier et consoles; les coins à caryatides.

Bonne pièce.

96 — Pendule ancienne de l'époque de Louis XVI, en marbre blanc avec groupe en bronze doré; deux Hercules soutenant le cadran; socle orné de pendentifs de fleurs et de têtes de béliers.

97 — Belle pendule ancienne, en bronze doré, de l'époque

de Louis XVI; socle carré orné de feuilles de chêne et de rosaces; sujet avec figures de l'Amour et de Vénus.

Courvoisier, horloger.

98 — Grande et magnifique pendule ancienne de l'époque de Louis XVI, pièce exceptionnelle; en bas, socle demi-rond avec sphère tournante, donnant les heures des quatre parties du monde; cage avec bases à volutes, cadran couronné de fleurs et surmonté d'un vase à cadran tournant, marquant les quantièmes et les phases de la lune.

99 — Pendule Louis XV, sur socle; elle est contournée en ancienne marqueterie de cuivre sur écaille noire; ornements en bronze doré.

100 — Charmante pendule Louis XIII, en marqueterie de cuivre et d'étain sur écaille rouge; le devant à colonnes plates et à tablier; le haut avec frise en bronze, repercée à jour.

101 — Pendule ancienne de l'époque de Louis XVI, en marbre blanc, bronze doré et figures d'enfants; ils soutiennent le cadran surmonté d'un lion sur lequel est un Amour.

Manière, horloger.

102 — Petite pendule ancienne de l'époque de Louis XVI, groupe avec figure de la Victoire tenant un médaillon. portrait de Marie-Thérèse.

Leroy, horloger.

103 — Belle pendule dont le mouvement est enchâssé dans

un vase en céladon gris; socle rocaille sur lequel sont deux enfants chinois de chaque côté du vase; pièce importante en bronze doré.

104 — Très-belle pendule style Louis XVI; modèle dit: l'Amour à la Colombe.

105 — Ancienne pendule de l'époque de Louis XVI; en bronze doré, socle avec nœuds sur lequel est un lion supportant le cadran dominé par des attributs de guerre.

Causard, horloger.

106 — Garniture de cheminée, style Louis XV, composée d'une pendule et de deux candélabres en bronze doré, pièces avec personnages chinois laqués, genre Martin, soutenant le cadran et les lumières.

107 — Ancienne pendule Louis XV, modèle à l'éléphant, supportant le cadran sur lequel est assis un petit nègre.

108 — Pendule ancienne en bronze doré, époque de Louis XVI, le socle en bois noir, cadran sur support cannelé; de chaque côté, deux amours, l'un debout, l'autre assis.

Leroy, horloger.

109 — Ancienne pendule de l'époque de Louis XVI, en bronze doré; sujet à figure bronzée, femme assise lisant et s'appuyant sur le cadran.

Peignat, horloger.

110 — Ancienne pendule dite religieuse en ébène orné de colonnes plates avec filets incrustés, chapiteaux et motifs en bronze doré.

111 — Petite pendule en ébène, Louis XIII, cadran en cuivre gravé et doré, tiroir dans le socle.

112 — Ancienne pendule Louis XVI, de forme droite, les côtés avec mufles de lions retenant des anneaux, le haut avec vase à draperies; socle en marbre blanc orné d'une frise.

113 — Une grande pendule de l'époque de Louis XVI, en bronze doré, enchâssé dans un vase à tête de lion, sur socle carré orné d'une frise.

114 — Socle de pendule en marqueterie de cuivre sur écaille noire.

115 — Ancien socle en marqueterie de boule sur écaille rouge.

116 — Socle applique en ancienne marqueterie de boule.

117 — Autre socle, même genre.

118 — Un autre, même genre.

119 — Socle de pendule de cheminée de forme contournée, style Louis XIV, en marqueterie de cuivre sur écaille rouge.

120 — Socle avec consoles à jour et contournées en marqueterie de boule sur écaille rouge; très-beaux ornements en bronze à trophées et rosaces, le tout très-finement ciselé.

121 — Autre socle de l'époque de Louis XIV, en marqueterie de cuivre sur écaille noire.

Candélabres

Feux, Flambeaux et autres Objets en bronze doré.

122 — Magnifiques vases Louis XVI, en bronze doré, formant candélabres à quatre lumières; pièces exceptionnelles de la plus grande beauté et du plus parfait travail. Ces vases, de forme ovoïde, sont sur piédouches reposant sur quatre griffes de lion, avec double socle.

123 — Deux anciens et beaux flambeaux de bureau, de l'époque de Louis XVI. Les tiges cannelées, ornées de guirlandes, reposent sur trois pieds à volutes à jour. Pièces rares.

124 — Très-magnifiques feux anciens en bronze doré, de l'époque de Louis XIV. Neptune assis sur un cheval marin, et Ariane assise sur un lion; socles à larges rinceaux.

125 — Grands et beaux candélabres à dix lumières, en bronze doré; modèle crozatier avec groupe de trois enfants.

126 — Deux feux Louis XVI anciens, ornés de vases et de guirlandes de chêne.

127 — Deux candélabres en bronze doré, de l'époque de Louis XVI, à trois lumières et à tiges de lis, supportés par des vases en marbre blanc, ornés de guirlandes de chêne également en bronze doré.

128 — Très-belle pièce de surtout de table en bronze doré au mat; figures de femmes nues, assises sur le socle à rinceaux; elles soutiennent une corbeille ornée de pampres et entourée de six lumières formant candélabre.

129 — Deux anciens feux, Louis XVI, en bronze doré, ornés de vases.

130 — Anciens bras Louis XIV, en bronze doré, à cinq lumières, ornés de cristaux de roche.

131 — Deux flambeaux en bronze doré, style Louis XV. Ces flambeaux sont d'une beauté rare et d'un superbe travail, ils sont copiés sur des pièces de l'époque.

132 — Deux anciens flambeaux en bronze doré, de l'époque de Louis XIV, très-beau dessin.

133 — Deux bouts de table en bronze doré, ornements rocaille, à tiges contournées à deux lumières, un ancien, l'autre moderne.

134 — Deux petits flambeaux, style Louis XV, bonne ciselure.

135 — Deux plus grands, beau modèle, style Louis XV.

136 — Superbes bras appliques anciens, de l'époque de Louis XVI, les tiges avec cannelures, rosaces et vases, les lumières ornées de guirlandes de chêne.

137 — Deux beaux chenets en bronze, riches d'ornements avec fleurs et vases à guirlandes de chêne.

138 — Deux grands flambleaux anciens, de l'époque de Louis XVI, ornés de torsades et de palmettes.

139 — Feux à galerie en bronze, avec fleurs et vases, le tout en bronze, style Louis XVI.

140 — Deux très-beaux bras Louis XVI, en bronze doré (anciens).

141 — Deux autres de la même époque.

142 — Deux bras Louis XV anciens, tiges contournées à deux lumières.

143 — Deux bras en bronze doré, style Louis XIV, à deux lumières.

144 — Deux autres, style Louis XVI, à trois lumières, très-belles tiges à bouquets de roses.

145 — Deux anciens flambeaux de l'époque de Louis XVI, riches d'ornements ciselés, frises, perles, canaux et feuilles d'eau.

146 — Deux petits flambeaux anciens, de l'époque de Louis XIV, ornés de têtes de lions et de bandes de feuilles d'eau.

147 — Deux anciens bras Louis XVI, à deux lumières.

148 — Deux de même époque à deux lumières.

149 — Deux bras Louis XV anciens, à deux lumières.

150 — Deux autres de même époque.

151 — Deux bras anciens Louis XVI, à trois lumières.

152 — Deux autres de même époque, à deux lumières.

153 — Deux bras anciens Louis XVI, à deux lumières.

154 — Deux très-beaux bras appliques anciens, de l'époque de Louis XVI, très-belles pièces ornées de guirlandes, de fleurs et de vases.

155 — Deux appliques en bronze doré, à trois lumières avec rubans et lls, style Louis XVI.

156 — Deux autres, style Louis XV, à cinq lumières.

157 — Deux autres, style Louis XV, également à cinq lumières.

158 — Deux flambeaux anciens Louis XVI, en bronze doré, joli modèle à canaux et pirouettes.

159 — Deux feux anciens Louis XVI, avec socles surmontés de vases.

160 — Deux anciens flambeaux Louis XVI, tiges cannelées, très-fins de ciselure.

161 — Deux feux en bronze doré, style Louis XV, base avec rinceaux et à galerie sur lesquels sont assis des personnages chinois.

162 — Deux beaux chenets anciens Louis XV, chevaux se cabrant, sur socles rocaille en bronze.

163 — Deux flambeaux cannelés, de l'époque de Louis XVI.

164 — Deux anciennes appliques Louis XIV, en bronze doré et à une lumière.

165 — Deux autres de l'époque de Louis XVI, à deux lumières.

166 — Deux flambeaux Louis XVI, en cuivre argenté.

167 — Deux anciens bras Louis XVI, à deux lumières.

168 — Deux autres bras modernes à six lumières.

169 — Deux candélabres en bronze doré, style Louis XVI, socles ronds cannelés supportant trois enfants groupés tenant les lumières à branches de chêne.

170 — Deux anciens feux Louis XVI, vases sur des socles.

171 — Deux autres de l'époque de Louis XV à rinceaux rocaille.

172 — Deux bras anciens en bronze, de l'époque de Louis XV, deux caryatides soutiennent deux lumières à tiges contournées.

173 — Deux grands et magnifiques candélabres en bronze doré à douze lumières, supportés par des enfants en bronze florentin, de grandeur naturelle.

174 — Beaux chenets style Louis XIV, lions accroupis supportant des socles où grimpent des dragons ailés.

175 — Un seul feu ancien Louis XV, jeune fille tenant une couronne et assise sur des rinceaux.

176 — Deux flambeaux style Louis XVI en bronze doré, ornés de feuilles de chêne et de perles.

177 — Ancien encrier Louis XV en bronze doré sur plateau en vieux laque chinois.

178 — Deux anciens robinets de bains en bronze doré à têtes de cygnes.

179 — Deux supports de lumières en bronze doré, style Louis XIV.

180 — Deux bras en bronze doré à deux lumières.

181 — Deux anciens bras Louis XV à tiges contournées et à deux lumières.

182 — Deux grands chapiteaux avec leurs bases et socles, toutes ces pièces en bronze doré, prêtes à être adaptées à des colonnes ; les chapiteaux sont de l'ordre composite.

183 — Douze supports en bronze pour montures de coupes. Seront vendus par six.

184 — Huit patères en bronze tourné, ciselé et doré.

185 — Une bouilloire en plaqué d'argent.

186 — Un presse-citron en plaqué.

187 — Porte-coquetier Louis XVI en ancien plaqué.

188 — Encrier en cuivre argenté style de Louis XIV, socle attenant orné de rinceaux.

Meubles

des époques de Louis XIII, Louis XIV, Louis XV, Louis XVI et autres.

189 — Cabinet italien de l'époque de Louis XIII; le devant avec dix-huit tiroirs. Au centre un portique, le tout orné de plaques en ivoire gravé ; sujets d'après William Baur.

190 — Cabinet italien en bois incrusté d'ornements et de

filets en ivoire. Travail italien ; le devant, en se rabattant, offre à l'intérieur neuf tiroirs également incrustés d'ivoire.

191 — Grande et superbe armoire à deux portes, avec la porte haute vitrée, surmontée d'un fronton à corniche. Cette belle pièce ancienne, de l'époque de Louis XIV, est en bois d'acajou incrusté de filets en cuivre ; sur les panneaux du bas, encadrements en cuivre poli ; sur plusieurs portes, riches ornements en bronze doré, motifs, rosaces, entrées de serrures, chutes et feuilles d'eau.

192 — Autre armoire semblable à la précédente.

193 — Magnifique bureau style Louis XIV, copie déjà ancienne d'une pièce de l'époque, de forme contournée, le dessus avec filets en cuivre et moulures formant encadrement ; riches ornements en bronze doré ; les pieds avec têtes et griffes de lions.

194 — Très-belle armoire ancienne de l'époque de Louis XIV, le haut cintré avec portes vitrées ; le bas à panneaux pleins. Ce meuble est en bois d'ébène incrusté de filets en cuivre et orné d'appliques et d'ornements en bronze doré.

195 — Beau meuble à deux vantaux en bois satiné, les côtés et les panneaux de devant en laque noire de la Chine ; encadrements et appliques en bronze doré.

196 — Très-beau bureau, ancien meuble en marqueterie de boule, pièce entièrement d'époque, marqueterie de la plus grande finesse en cuivre et étain sur écaille noire ; pieds contournés à X.

197 — Très-beau meuble dit cabinet en ancienne marqueterie de bois à fleurs, les côtés également marquetés, les panneaux du haut avec encadrements de moulures saillantes. Il est supporté par six pieds de forme carrée, ornés de moulures.

198 — Ancien meuble de Boule de forme demi-ronde allongée, à trois vantaux richement marquetés d'étain, de cuivre et d'écaille rouge ; sur les vantaux, sont des ornements en bronze doré et en relief d'après les dessins de Bérin ; pièce d'une grande beauté.

199 — Très-beau meuble ancien de l'époque de Louis XIV, en bois noir orné de bandes plates, le dessus avec socle à gorge ; il est à hauteur d'appui. Le bas a trois portes vitrées ; celle du milieu couronnée d'un écusson en bronze, beaux ornements en bronze doré ; très-bonne pièce.

200 — Bureau ancien de l'époque de Louis XIV en bois amaranthe et filets en bois de rose, le tour et les pieds contournés ; riches ornements en bronze doré avec mascarons et rinceaux, la tablette entourée d'une moulure en cuivre poli.

201 — Ancien casier Louis XIV en bois noir avec filets en cuivre et ornements en bronze doré.

202 — Magnifique meuble à hauteur d'appui en bois d'ébène, orné de mascarons, de caryatides et de médaillons en bronze doré et émaillé de tons divers. Au centre, un médaillon émaillé en grisaille représentant un satyre faisant un sacrifice. Pièce remarquable qui a obtenu une médaille à l'Exposition de 1855.

203 — Autre meuble pareil au précédent.

204 — Ancien meuble Louis XIV, le bas formant bureau, le haut des armoires à deux portes avec encadrements en relief. Ce meuble est orné de bronze d'un style très-pur.

205 — Ancienne commode de l'époque de Louis XIV, belles poignées et écoinsons en bronze doré, dessus de marbre vert de mer.

206 — Beau meuble en bois satiné et amaranthe, orné de bronzes très-riches et surmonté d'une pendule.

Copie exacte d'un meuble ancien de l'époque de Louis XIV. Le centre, en s'abattant, forme secrétaire ; magnifique pièce d'ébénisterie.

207 — Table de l'époque de Louis XIII en bois naturel incrusté d'ivoire, riche décor de frises, de quadrilles, de rosaces et d'entrelacs ; pieds contournés à jour avec entrejambe.

208 — Ancienne commode Louis XIV, tiroirs avec beaux ornements très-fins de ciselure.

209 — Ancienne armoire Louis XIV en bois noir avec filets en cuivre incrustés, les portes vitrées, ornements en bronze doré.

210 — Ancienne commode de Louis XIV en bois sculpté, ornée de cartouches.

211 — Table ancienne de l'époque de Louis XIV en écaille

rouge, avec incrustations en ivoire; pieds carrés avec entre-jambes, les pieds avec chapiteaux en bois sculpté et doré.

212 — Meuble en bois de citronnier et de rose, à hauteur d'appui, orné sur le devant d'un médaillon de marine en marqueterie de bois; travail style Louis XVI.

213 — Ancienne commode Louis XIV en bois de rose et amaranthe, de forme contournée, beaux écoinsons, entrées de serrures et poignées en bronze doré.

214 — Ancienne table style Louis XIV en ébène, avec pieds carrés et entre-jambes à X, ornée de chapiteaux et de moulures en cuivre poli; dessus de marbre brèche rouge fort beau.

215 — Meuble dit cabinet en bois naturel incrusté d'ivoire; à l'intérieur, huit tiroirs avec même décor.

216 — Ancien bureau Louis XIV en bois noir, le devant a trois tiroirs, ornements en bronze doré, le dessus bordé d'une moulure en cuivre poli.

217 Beau meuble vitrine, en bois noir, pieds cannelés, le tout très-richement décoré de moulures en cuivre poli.

218 — Très-beau et grand meuble ancien de l'époque de Louis XV, en bois satiné; à trois portes vitrées, le haut avec gorge à retrait; très-riches ornements en bronze doré.

219 — Commode ancienne de Louis XIV de forme contournée, en bois de rose avec fleurs en marqueterie de bois, poignées et écussons en bronze doré, marbre en brèche.

220 — Ancienne commode de l'époque de Louis XV, elle est de forme contournée en bois de rose avec tiroirs en laque noire de la Chine, entourés d'ornements rocaille en bronze doré, pieds contournés avec écoinsons.

221 — Petite table à ouvrage style Louis XIV, en bois de rose avec marqueterie, tablette et pieds contournés.

222 — Ancien bureau Louis XV, à dos d'âne, en bois de rose, orné de médaillons en marqueterie de bois ; magnifiques ornements en bronze doré.

223 — Table ancienne Louis XV, en bois d'amaranthe, pieds contournés ornés de bronzes dorés.

224 — Deux gaines, genre Boule, en bois noir, avec marqueterie de cuivre et d'étain ; ornements en bronze doré.

225 — Ancienne table à ouvrage Louis XV, en bois de rose marqueté de quadrilles, dessus en marbre brocatelle.

226 — Table de bois noir et de couleur richement incrustée d'étain.

227 — Magnifique secrétaire ancien, meuble Louis XVI, en bois de rose et bois marqueté, orné de médaillons à instruments de musique et aussi de damiers ; à l'intérieur douze tiroirs, également à damiers ; moulures en bronze doré, marbre brocatelle.

228 — Beau secrétaire ancien, Louis XVI, le haut avec frise à jour, en bronze doré ; le corps en bois de rose à losanges et à trophées d'armes, en marqueterie de bois.

229 — Grand et beau bureau, à cylindre, de l'époque Louis XVI, en bois d'acajou, orné de plates-bandes cannelées en bronze doré, intérieur très-riche avec cases et tiroirs à secrets.

Très-belle pièce d'ébénisterie.

230 — Ancien Bonheur du jour, Louis XVI, en bois satiné, le haut avec coulisse brisée, le dessus à galerie en cuivre.

231 — Superbe table de grande dimension, formant en même temps bureau, en bois de rose, orné de quadrilles et d'un médaillon de fleurs en bois marqueté; le tour avec frise à jour, la tablette avec ceintures en bronze à oves.

Très-belle pièce, style Louis XVI.

232 — Secrétaire ancien, Louis XVI, en bois satiné et amaranthe, orné de filets incrustés et de fleurs; ornements et appliques en bronze doré.

233 — Petite table, Louis XVI, en bois d'acajou, formant en même temps bureau à cylindre, rentrant à l'intérieur en poussant un ressort.

Pieds contournés, ornés de bronzes dorés.

234 — Table en ébène, de forme rectangulaire, ornée de panneaux en ancien laque de la Chine; pieds avec canne-

lures torses, la tablette avec frise à godrons, les jambages et les encadrements ornés de bronze doré.

235 — Ancienne table à ouvrage de l'époque de Louis XVI, en bois de rose marqueté.

236 — Ancien secrétaire Louis XVI; panneaux ornés de marqueterie de bois; le haut avec galerie à frise à jour.

237 — Bureau ancien, à cylindre, de l'époque de Louis XVI, en bois d'acajou, orné de moulures et de filets en cuivre poli.

238 — Petite table Louis XVI, ancienne, en bois de rose quadrillé et autres bois, ornée de moulures en bronze doré.

239 — Bureau de l'époque de Louis XVI, en bois de rose et satiné; pieds carrés, ornés de chapiteaux en bronze doré, ainsi que les encadrements des tiroirs; la tablette entourée d'une moulure.

240 — Table de l'époque de Louis XVI, en acajou, ornée de moulures et d'entrées de serrures en cuivre et bronze doré; pieds cannelés à quatre faces en retrait.

241 — Console Louis XVI, en acajou, les tiroirs quadrillés de bois, belles moulures et appliques en bronze doré.

242 — Ancienne commode Louis XIV, en bois satiné et amaranthe; les coins à moulures cannelées, les poignées et les

entrées en bronze doré; dessus avec ceinture en cuivre poli.

243 — Console Louis XVI, en acajou, ornée de filets et de moulures en cuivre poli et bronze doré.

244 — Un paravent à six feuilles, couvert en soie brochée de fleurs.

245 — Petit chiffonnier en chêne blanc verni; le bas avec trois tiroirs, le haut formant secrétaire; intérieur à tiroirs en bois noir à filets de cuivre, dessus en marbre brèche.

246 — Étagère encoignure en bois de rose, ornée de marqueterie et de petits panneaux chinois en bois et pierre de lard.

247 — Petit porte-montre forme S, en bois sculpté et doré, enrichi d'ornements exécutés avec la plus grande finesse, représentant le chiffre du roi Louis XV: des attributs de guerre; dessous on lit l'inscription suivante:

« Petit quartel, ayant appartenu au Roy et provenant du château de Versailles. »

248 — Coffret à dentelles en bois d'ébène et de couleur, orné de quadrilles, de frises et de fleurs, le tout incrusté en ivoire. Travail vénitien du XVIIe siècle.

249 — Paravent à quatre feuilles en cuir de Cordoue; beaux ornements dorés sur fond bleu.

250 — Baromètre et thermomètre, en bois de palissandre.

251 — Tabouret de piano, en bois de palissandre.

Meubles

en bois sculpté du XVIe siècle jusqu'à nos jours.

252 — Très-beau lit en bois, le bas richement sculpté, dossier à fronton, colonnes légères très-fines d'ornements; ce lit est muni de sa garniture en toile de Jouy.

253 — Ancienne table Henri II, très-richement sculptée; larges supports à colonnes et têtes d'aigles, en bas traverse supportant cinq colonnes.

254 — Ancienne crédence de l'époque de Henri IV, en chêne sculpté, le haut avec colonnes plates et portiques à pleins cintres.

255 — Grande table de l'époque de Louis XIII, en chêne, pieds à balustres, le dessous à colonnes.

256 — Bois de lit Louis XVI, en bois peint, orné de pommes de pin.

257 — Crédence en bois sculpté à six pans, ornée de panneaux à ogives d'un très-bon style.

258 — Très-belle console en chêne sculpté de l'époque de Louis XIV; quatre pieds avec entre-jambes. (Vente Séchan.)

259 — Grand et beau lit Louis XIII, en chêne sculpté, orné de frises de feuilles d'achante; colonnes cannelées et tournées avec boules à godrons.

260 — Grande et magnifique table, style Louis XIV, en chêne sculpté, avec huit pieds et entre-jambes; elle est à quatre faces, surmontée d'un marbre avec moulure.

261 — Table Henri II, en bois de chêne sculpté, le bas avec colonnes; tablette à ralonges.

262 — Ancienne table Louis XIII et bois sculpté, pieds très-riches à balustres, ceinture à godrons.

263 — Ancienne crédence en bois sculpté. Travail de l'époque de Louis XIII. Elle est ornée de colonnes plates et de panneaux richement sculptés, offrand des cartouches, des mascarons et divers ornements variés.

264 — Ancien meuble en bois sculpté de l'époque de Henri II, orné de mascarons et de supports.

265 — Belle table style Louis XIII, ornée de riche marqueterie de bois de couleur et incrustations en ivoire; pieds avec entre-jambes.

266 — Belle crédence à six pans ornée de têtes saillantes, de caryatides et de consoles; le tout sculpté.

267 — Grand meuble allemand, en chêne sculpté, orné de six panneaux avec colonnes et frises.

Meubles en laque

268 — Meuble cabinet en laque de la Chine d'une ancienne qualité, décoré en relief de paysages sur fond noir, écoinsons et charnières en bronze doré; tres-beau support Louis XIV en bois sculpté et doré.

269 — Autre cabinet en laque de Chine même genre que le précédent.

Meubles de Salons

couverts en tapisseries; — Bois de Fauteuils, Chaises, Consoles, Glaces, en bois sculpté, doré et peint.

270 — Très-magnifique meuble de salon, bois de l'époque de Louis XV, composé de douze fauteuils, un canapé et

deux banquettes; toutes ces pièces sont couvertes en anciennes tapisseries de Beauvais, représentant des fables de la Fontaine.

271 — Meuble de salon de l'époque de Louis XVI, en bois sculpté et peint, composé de dix fauteuils et un canapé; garniture en damas de soie rouge.

272 — Riche console en bois sculpté de l'époque Louis XIV, deux pieds contournés, reliés par un cartouche.

273 — Console en bois doré de la fin de Louis XV, beaux ornements, galerie et vase.

274 — Neuf chaises anciennes Louis XIV, en bois sculpté, garnitures en damas de soie rouge.

275 — Ancien fauteuil Louis XIV, en bois de chêne sculpté, garniture du temps en tapisserie au petit point.

276 — Beau et ancien fauteuil Louis XIV, en bois sculpté et peinture blanche, garniture en damas de laine.

277 — Très-riche console en bois sculpté et doré de l'époque de Louis XIV, avec quatre pieds contournés, très-beaux ornements.

278 — Petite console rocaille à deux pieds.

279 — Console Louis XIV en bois sculpté et peint, très-riche d'ornementation.

280 — Belle console Louis XIV en bois sculpté et doré à croisillons.

281 — Riche console rocaille en bois doré et sculpté, pieds à griffons.

282 — Grand fauteuil Louis XIV, en bois de chêne sculpté, pieds à entre-jambes, garniture en drap rouge.

283 — Deux canapés Pompadour, en bois sculpté et peint, ornements en relief avec guirlandes de fleurs et médaillons d'attributs peints, pièces trés-coquettes.

284 — Grande console Louis XIV à quatre faces, en chêne sculpté, riche d'ornements.

285 — Petite console Louis XVI ornée d'une frise cannelée avec perles et rosaces.

286 — Autre petite console, ornements rocaille.

287 — Ancien et beau fauteuil Louis XIV, en bois sculpté. garniture en toile blanche.

288 — Glace Louis XIV, dans son riche encadrement sculpté et à frontons.

289 — Grand fauteuil en bois sculpté, style Louis XIII, garni d'une ancienne étoffe soutachée à larges rinceaux.

290 — Bergère Louis XV, en bois sculpté et peint à deux tons, couverte en toile de Jouy.

291 — Deux beaux fauteuils de l'époque de Louis XIV, belles garnitures en ancienne tapisserie à la main.

292 — Console support, de l'époque Louis XIV, en bois sculpté peint en blanc, très-beaux ornements, quatre pieds contournés, reliés par un entre-jambe, dessus en pierre dure Lumachelle.

293 — Grande et belle console italienne en bois sculpté et doré, ornements rocaille, quatre pieds contournés reliés par une cartouche.

294 — Glace Louis XIV dans son bel encadrement en bois sculpté et doré à fronton et appliques.

295 — Très-magnifique console Louis XV en bois sculpté et doré, ornements de la plus grande richesse.

296 — Petite console Louis XV en bois sculpté et peint.

297 — Très-belle console Louis XV, en bois sculpté et doré, pieds contournés avec femmes ailées.

298 — Autre console Louis XIV, avec entre-jambes à volutes; bonne pièce.

299 — Grande et magnifique bergère de l'époque de Louis XVI, en bois très-richement sculpté, garnie en toile, coussin en peau.

300 — Charmante chaise Louis XV en bois sculpté, très-beaux

ornements, garniture en tapisserie de Beauvais à sujet d'après les fables de La Fontaine.

301 — Console Louis XV en bois doré, ornements rocaille.

302 — Autre console Louis XV en bois sculpté et peint.

303 — Magnifique console Louis XV en bois sculpté et doré, beaux ornements rocaille avec fleurs en couleur et oiseau.

304 — Console rocaille en bois sculpté et doré.

305 — Console Louis XV à tiroirs et à deux jambages.

306 — Grande et belle console Louis XIV en bois sculpté et doré, ornements sur toutes faces, jambages à X.

307 — Deux banquettes Louis XIV, bois finement sculpté.

308 — Chaise flamande, bois tourné, garniture en toile blanche.

309 — Bois de fauteuil, pieds en acajou.

310 — Bois de fauteuil Louis XVI à dossier carré.

311 — Console Louis XV en bois sculpté et peint, ornements rocaille, deux pieds avec cartouches.

312 — Très-belle console rocaille en bois sculpté et doré, quatre jambes à dragons.

313 — Beau fauteuil Louis XV, en bois sculpté et doré, garniture en toile blanche.

314 — Fauteuil en palissandre sculpté, couvert en velours et tapisserie.

315 — Fauteuil Louis XV, couvert en tapisserie de l'époque.

316 — Fauteuil Louis XV, en bois sculpté et peint, recouvert en étoffe dite vénitienne.

317 — Console Louis XV, en bois sculpté, beaux ornements rocaille.

318 — Très-belle console de l'époque de Louis XVI, soutenue par trois jambages à volutes, très-belle de sculpture.

319 — Grand et beau canapé Louis XV, en bois sculpté, couvert en toile.

320 — Autre semblable au précédent, garniture en damas de laine rouge.

321 — Grande glace de l'époque de Louis XV, dans son riche encadrement, en bois sculpté et doré, ornements rocaille. Grandeur y compris le cadre, 2 m. 40 cent. sur 1 m. 40 cent.

322 — Grand canapé Louis XV, peint en blanc, garniture en damas de soie rouge.

323 — Très-beau canapé Louis XIV, en bois sculpté et doré, garniture en soie à bandes bleues et grises.

324 — Très-jolie chaise sculptée, de l'époque de Louis XV, beau dossier à jour.

325 — Grande glace Louis XV, dans son ancien cadre sculpté et doré, ornements rocaille.

326 — Fauteuil Louis XV, en bois peint, garniture en damas de soie rouge.

327 — Glace dans son encadrement Louis XV, en bois sculpté et peint blanc.

328 — Une autre semblable à la précédente.

329 — Console Louis XVI, demi-circulaire, ornée de belles frises sculptées.

330 — Deux socles de l'époque de Louis XIV, en bois sculpté et doré, à consoles détachées à jour.

331 — Autre socle ou support, en bois sculpté et doré, orné de mascarons et de figures en ronde bosse.

332 — Autre socle ancien, en bois sculpté, orné de rinceaux et d'une coquille.

333 — Chaise chauffeuse en bois sculpté, le siége avec tapisserie de Beauvais, sujet d'après une fable de La Fontaine.

334 — Ancienne glace Louis XV, cadre en bois scupté, ornements rocaille.

335 — Grande glace avec riche encadrement rocaille, en bois sculpté et doré.

336 — Glace dans son ancien encadrement rocaille, en bois sculpté et doré.

337 — Fauteuil Louis XVI en bois sculpté, peint blanc et rouge, garniture en damas de laine rouge.

338 — Fauteuil en bois sculpté, couvert en velours impérial vert.

339 — Six anciens fauteuils Louis XVI, couverts en damas rouge de laine.

340 — Ancien fauteuil Louis XV, peint blanc et rouge, couvert en damas de laine.

341 — Quatre beaux fauteuils Louis XIV, couverts en anciennes tapisseries de l'époque.

342 — Console Louis XVI, à coins ronds, en bois de rose marqueté, le dessus en marbre blanc avec galerie, le bas à tablette.

343 — Douze fauteuils anciens de l'époque de Louis XV, en

bois sculpté; riche garniture en anciennes tapisseries de Beauvais, représentant les fables de la Fontaine.

344 — Petite console rocaille en bois sculpté et doré, à deux pieds contournés.

345 — Grande glace Louis XV, avec riche encadrement en bois doré à ornements rocaille.

Grandeur y compris le cadre, 2 m. 70 cent. sur 1 m. 50 cent.

346 — Très-belle console, style rocaille, riche de sculpture et de dorure, dessus avec marbre blanc.

347 — Une autre semblable à la précédente.

348 — Fauteuil Louis XV, en bois sculpté et peint, garniture en reps vert à deux tons.

349 — Grande glace dans un riche cadre doré, style rocaille.

350 — Fauteuil Louis XV en bois sculpté et peint, couvert en tapisserie.

351 — Ancien fauteuil Louis XV, en bois sculpté et doré, garniture partie damas, partie toile blanche.

352 — Petite console Louis XV, en bois sculpté, ornements rocaille.

353 — Deux beaux socles en bois sculpté, travail rocaille à jour de l'époque de Louis XV.

354 — Glace avec son ancien cadre sculpté, orné de bandes à feuilles de chêne.

355 — Bois de fauteuil Louis XVI, à frise, feuilles de chêne.

356 — Bois de fauteuil Louis XVI, avec dossier ovale.

357 — Bois de chaise Louis XIII à grand dossier.

358 — Très-beau bois de fauteuil Louis XV, très-richement sculpté.

359 — Petite glace avec riche encadrement Louis XV, en bois sculpté et doré.

360 — Trois fauteuils Louis XV, ornés de beaux ornements sculptés, couverts avec des anciennes tapisseries, médaillons d'après les fables de la Fontaine entourés de bouquets de fleurs.

361 — Deux bois de fauteuils de l'époque de Louis XV, forme dite à cabriolet.

362 — Huit chaises et deux fauteuils Louis XV, fonds et dossiers cannelés.

363 — Bois de fauteuil Louis XVI, très-richement sculpté.

364 — Bois de fauteuil sculpté, style Louis XV,

365 — Bois de chaise, style Louis XVI.

366 — Bois de canapé Louis XVI.

367 — Bois de chaise en palissandre.

368 — Bois de fauteuil de l'époque de Louis XIII à grand dossier.

369 — Fauteuil Louis XVI en bois sculpté et peint, orné de frises.

370 — Bois de fauteuil Louis XVI en dossier carré.

371 — Autre bois de fauteuil Louis XIV, en bois sculpté et doré,

372 — Grande console Louis XIV en bois sculpté, à quatre pieds sans entre-jambes.

373 — Autre console Louis XIV très-richement sculptée, à quatre pieds avec entre-jambes.

374 — Deux grands et beaux fauteuils Louis XIV, en bois sculpté et doré, riches d'ornements.

375 — Très-beau fauteuil Louis XIV, en bois sculpté et doré.

376 — Bois de fauteuil Louis XIV.

377 — Chaise en palissandre, style Louis XIV.

378 — Chaisse chauffeuse à dossier à jour.

379 — Chaise Louis XIV en bois sculpté, garniture en velours vert impérial.

380 — Modèle de chaise, style Louis XIII.

381 — Bois de fauteuil Louis XIV, en bois sculpté.

382 — Fauteuil Louis XIV, fond et dossier cannelés.

383 — Fauteuil Louis XVI en bois finement sculpté et doré.

384 — Très-petite console rocaille en bois sculpté et peint, dans le bas est un perroquet perché.

385 — Écran Louis XIV de forme contournée, bois sculpté et doré, tapisserie à la main.

386 — Un bois d'écran de l'époque de Louis XV.

387 — Un écran Louis XIV, garni de velours de laine rouge.

388 — Écran Louis XV en bois sculpté et doré.

389 — Autre écran à coulisse de l'époque de Louis XIV, très-riche de sculpture.

390 — Un écran Louis XVI orné d'une tapisserie à la main. Bois sculpté et peint.

391 — Petite chaise fumeuse à large dossier, garnie en damas de laine.

392 — Grande console Louis XVI à coins arrondis; pieds avec entre-jambes et vase avec guirlandes.

393 — Chaise longue en deux pièces, de l'époque de Louis XV. Bois sculpté et peint.

394 — Fauteuil Louis XIV à grand dossier en bois sculpté et peint.

395 — Bois de fauteuil Louis XIV, à entre-jambes.

396 — Grand et beau fauteuil Louis XIV. Bois sculpté et doré.

397 — Grands fauteuils Louis XVI en bois sculpté et peint, garniture l'un en damas de laine, l'autre en toile blanche.

398 — Six chaises Louis XVI en bois marqueté, travail hollandais ; garniture en damas de soie rouge.

399 — Très-jolie petite console rocaille à deux pieds à volutes, très-belle d'ornements.

400 — Petite console en bois sculpté et doré, ornements rocaille.

401 — Une autre plus grande à deux pieds, ornements à jour.

402 — Grande console Louis XVI, pieds avec entre-jambes, vases et guirlandes de fleurs, le tout en bois sculpté.

403 — Console Louis XV en bois sculpté et peint.

404 — Petite console Louis XV, pieds à dragons sculptés.

405 — Lit de repos Louis XVI, en bois sculpté et peint, orné de couronnes à jour ; garniture en soie blanche brochée.

406 — Chaise Louis XVI à lyre, couverte en belle étoffe de soie avec bouquets de fleurs.

407 — Très-beau fauteuil Louis XVI en bois richement sculpté et peint en blanc, garni en toile blanche.

408 — Ancien fauteuil Louis XIV en bois sculpté et peint en blanc, garniture en toile blanche.

409 — Très-belle console style Louis XIV, partie sculptée, partie avec ornements rapportés, belle dorure, pieds à dragons ailés.

410 — Petit support applique en bois sculpté avec consoles à jour.

411 — Socle applique Louis XVI en bois sculpté et doré.

412 — Très-belle niche en bois sculpté et doré, au centre l'Enfant-Jésus debout, en bois sculpté et peint ; travail italien.

413 — Niche processionnelle de l'époque de Louis XIV, très-riche d'ornementation.

414 — Gaîne en bois à huit pans, entourée de feuilles d'eau en bronze et couverte en velours rouge.

Bois sculptés et Cadres

de diverses époques ; — Entourages de glaces, Dessus de portes, etc.

415 — Huit magnifiques bordures de l'époque de Louis XIV en bois sculpté et doré, ornées de beaux coins et de motifs.

Arrasement 1 m. 03 cent., sur 71 cent.

416 — Cadre ovale Louis XIII à frise courante.

417 — Cadre Louis XIV à ornements courants.

Arrasement 1 m. 01 cent., sur 70 cent.

418 — Petit cadre de miroir, ornements rocaille.

419 — Un autre à fronton un peu plus grand.

420 — Un autre plus grand que le précédent.

421 — Très-beau cadre Louis XIII à ornements courants.

Arrasement 35 cent., sur 27 cent.

422 — Cadre Louis XIV de la plus grande finesse de sculpture, ornements courants.

De vue 23 cent., sur 18 cent.

423 — Cadre ovale Louis XVI à feuilles d'eau, perles et cartouche.

424 — Cadre Louis XIV à coins et milieux à jour.

De vue 80 cent., sur 65 cent.

425 — Cadre Louis XIV, beau de sculpture.

Arrasement 33 cent., sur 25 cent.

426 — Cadre Louis XVI ornements courants.

Arrasement 40 cent., sur 31 cent.

427 — Un autre, même genre que le précédent.

Arrasement 40 cent., sur 32 cent.

428 — Beau cadre Louis XV coins à jour.

Arrasement 38 cent. sur 32 cent.

429 — Très-beau cadre Louis XV, coins et motifs à jour.

Arrasement 41 cen. sur 31 cent.

430 — Encadrement d'entre-deux avec fronton sculpté.

431 — Encadrement de dessus de porte Louis XV, ornements à palmettes.

432 — Deux autres Louis XV.

433 — Un autre Louis XV.

434 — Trois autres ovales de l'époque de Louis XIV.

435 — Cadre Louis XIV, beaux coins reliés avec frises plates courantes.

De vue 75 cent. sur 58 cent.

436 — Très-beau cadre Louis XIV à coins et milieu reliés par des godrons.

De vue 120 cent. sur 98 cent.

437 — Encadrement de glace Louis XIV, frise courante.

438 — Cadre Louis XV pour glace, ornements rocaille et fronton.

439 — Trumeau rocaille à ouvertures, ornements rocaille.

440 — Très-beau cadre Louis XIII à ornements courants.

Arrasement 58 cent. sur 50 cent.

441 — Deux très-beaux cadres Louis XV riches d'ornements à jour.

Arrasement 85 cent. sur 67 cent.

442 — Autre cadre Louis XIII à frise courante.

Arrasement 90 cent, sur 62 cent.

443 — Grands supports monumentaux en bois sculpté et quelques parties dorées Ils offrent, à la base du masca-

ron, avec coquilles et ornements divers, en haut du cariatide supportant des chapitaux.

Ces pièces portent la date de 1602.

444 — Cadre Louis XIII à frise courante.

Arrasement, 37 cent. sur 25 cent.

445 — Cadre Louis XIV, à coins.

Arrasement, 73 cent. sur 52 cent.

446 — Cadre Louis XIV, à frises et bandes demi-rondes.

Arrasement 37 cent. sur 27 cent.

447 — Cadre Louis XIV, ornements courants.

Arrasement, 71 cent. sur 66 cent.

448 — Cadre Louis XV, à coins à jour.

Arrasement, 62 cent. sur 48 cent.

449 — Très-beau cadre Louis XV, à coins et milieux à jour.

Arrasement, 58 cent. sur 48 cent.

450 — Un autre, même genre, coins intérieurs arrondis.

Arrasement, 57 cent. sur 48 cent.

451 — Charmant cadre Louis XIV, ornements courants.

De vue, 38 cent. sur 28 cent.

452 — Un autre, avec frise intérieure.

De vue, 43 cent. sur 30 cent.

453 — Cadre Louis XIII, à feuilles de laurier.

De vue, 55 cent. sur 46 cent.

454 — Grand et beau cadre Louis XV, à coins et milieu à jour.

De vue, 1 m. 55 cent. sur 1 m. 10 cent.

455 — Quatre grands cadres Louis XV, à fronton, beaux ornements rocaille.

De vue, 1 m. 50 cent. sur 98 cent.

456 — Beau cadre de glace, ornements, style rocaille, avec fronton.

457 — Un autre, même genre, plus petit.

458 — Autre cadre moderne.

459 — Deux statues de nègres en bois sculpté, peint et doré,

Ces pièces peuvent être employées comme torchères.

460 — Deux statues de négresses, montées sur socles, ornées de draperies.

Ces pièces en bois sculpté, peint et doré, peuvent servir de torchères.

Porphyres

Marbres et Pierres sculptés, et Terres cuites.

461 — Deux grands sphinx, à têtes de femme. — Pièces plus fortes que nature, en marbre blanc sculpté; sur les sphinx, des enfants en bronze, assis sur des selles également en bronze.

Ces pièces feraient un très-bel ornement pour l'entrée d'un vestibule ou pour orner la cour d'un château.

462 — Grande cheminée monumentale de l'époque de Henri III. Cette pièce est en pierre, très-richement sculptée, de frise à palmettes, de cartouches et de pilastres; elle ornait un ancien château de l'Auvergne. Datée dans l'écusson, du millésime 1582.

463 — Deux grands et superbes vases en granit rose; ils sont de forme ovoïde et à cols évasés, ornés chacun de ceintures en bronze doré, formées de rinceaux et de peaux de lion.

Hauteur, 1 m. 20 cent., largeur, 80 cent.

464 — Deux vases de l'époque de Louis XVI, en porphyre, riches bronzes dorés; anses à jour et élevées. Montures anciennes.

465 — Deux bustes, en marbre blanc, homme et femme drapés.

466 — Deux vases en marbre blanc sculpté, forme Médicis.

467 — Vase de l'époque de Louis XVI, en marbre blanc, orné d'une frise, d'anses à mufles de lions et d'un bouton en bronze doré.

468 — Enfant monté sur un cheval marin. Groupe sculpté en pierre, pour jet d'eau.

469 — Cheminée en pierre sculptée, de l'époque de Louis XIII ornée de cariatides et de mufles de lions, datée 1648.

470 — Deux gaînes en marbre, brèche violette, ornées de rosaces et de pirouettes en bronze doré dans des canaux.

471 — Deux grandes corbeilles, contenant des fleurs; pièces en pierre sculptée.

472 — Coquille de fontaine en pierre sculptée.

473 — Autre coquille de fontaine avec niche.

474 — Gargouille en pierre sculpté avec cariatides.

475 — Deux colonnes en marbre, brèche rougeâtre.

Hauteur, 1 m. 80 cent.

476 — Deux gaînes en marbre noir, l'entablement en bleu turquin, appliques incrustées en brèche.

477 — Deux gaînes en marbre rouge, mêlé de jaune et de blanc.

478 — Cheminée en marbre rouge royal de l'époque de Louis XV.

479 — Bas-relief en terre cuite de l'époque de Louis XVI, sujet mythologique.

480 — Enveloppe de tuyau de poêle en terre cuite représentant un tronc d'arbre entouré de lauriers et de trophées d'armes.

481 — Groupe en terre cuite d'après Boucher. Bergers et bergères.

Bronzes

Marbres et Fontes d'art.

482 — Portrait d'un personnage en buste de grandeur naturelle, bronze français à cire perdue.

483 — Bas-relief en bronze représentant un enfant en buste; travail italien d'après Donatello.

484 — Très-beau buste en bronze de grandeur naturelle, personnage antique, belle patine.

485 — Tête de Vierge en marbre blanc; époque de Bouchardon.

486 — Ancien mortier en bronze orné d'une frise à personnages et porte la date de 1671.

487 — Beau et grand support de vasque ou de jardinière, pièce en bronze avec deux petits tritons soutenant la partie supérieure; modèle Crozatier.

488 — Deux Amours assis, en bronze; modèle Crozatier.

489 — Fontaine en bronze ornée de rinceaux; style Louis XIV.

490 — Deux petites statuettes d'enfants en cuivre jaune sur socles en bronze, ornés de cartouches fleurdelisés; travail de l'époque de Louis XIV.

491 — Deux chenets en fer forgé de l'époque de Louis XIII, les tiges avec statuettes d'homme et de femme sur socles ornementés.

492 — Grands chenets gothiques en fer atlantes à jambes de serpents tenant des armoiries.

493 — Ancienne et grande plaque de cheminée ornée d'un blason.

494 — Grand vase de jardin en fonte; anses à têtes de dragons; modèle Crozatier.

495 — Pareil vase en bronze (modèle).

496 — Deux autres vases en bronze, surmoulés sur le précédent.

Tapisseries anciennes

Tentures de Meubles; — Étoffes diverses.

497 — Quatre tapisseries de Beauvais pouvant former des portières, très-charmants sujets pastoraux d'après les dessins de François Boucher.

Mesure des tapisseries:

Une de 2 m. 50 cent., sur 2 m. 20 cent.
Une de 2 m. 15 cent., sur 2 m. 15 cent.
Une de 2 m. 40 cent., sur 1 m. 40 cent.
Une de 2 m. 40 cent., sur 1 m. 40 cent.

498 — Cinq belles tapisseries de Beauvais, entourées de riches bordures, sujets mythologiques; parmi lesquels: Apollon confiant Bacchus enfant à des Nymphes.

Mesures des tapisseries:

Une de	2 m. 82 cent.	sur 2 m. 40 cent.
—	3 m. 27 cent.	sur 3 m. 05 cent.
—	2 m. 27 cent.	sur 3 m. 70 cent.
—	3 m. 40 cent.	sur 1 m. 60 cent.

499 — Tapisserie de l'époque de Henri IV, représentant la femme de Darius aux pieds d'Alexandre, très-belle pièce.

Mesure 3 m. 83 cent. sur 2 m. 53 cent.

500 — Garniture de lit en ancienne tapisserie, composée d'un ciel, couvre-pieds, quatre lambrequins, un fond de lit et deux rideaux.

501 — Cantonnière ou entourage de porte en tapisserie d'Aubusson, fleurs sur fond rouge.

502 — Autre cantonnière en tapisserie d'Aubusson, décor à larges draperies rose et bouquets de fleurs.

503 — Douze garnitures de chaises en tapisserie d'Aubusson, décorées de fleurs et de fruits, en tout vingt-quatre pièces.

504 — Grand tapis de table en même tapisserie, même genre de décor.

505 — Quatorze morceaux de tapisseries anciennes, pour un grand canapé et six fauteuils.

506 — Garnitures en anciennes tapisseries pour douze siéges dessin blanc.

507 — Deux rideaux en percale soutachée de trois mètres de hauteur.

508 — Garniture de lit en ancienne Perse, deux rideaux de 3 m. et un lambrequin, ensemble, 30 m.

509 — Garniture pour meubles et chambre, en toile brodée quatre rideaux, un couvre-pieds, un ciel de lit, dix lambrequins et des housses de siéges.

510 — Dix siéges et dix dossiers, applications soutachées, sur fond de soie jaune pour dix fauteuils Louis XIV à grands dossiers.

511 — Cinq rideaux en tapisserie bleue sur fond jaune, travail au petit point.

512 — 57 m. de bandes en soie.

513 — 55 m. de bordures en soie bleue.

514 — Divers morceaux de velours de Gênes.

515 — Deux grands rideaux en soie verte, brochée de feuillage blanc, pièces munies d'embrasses en passementerie.

516 — Lot en ancienne toile de Jouy, quatre grands rideaux de 3 m. de haut, trois couvre-pieds et deux tentures de lit, le tout de même dessin, ensemble 62 mètres.

517 — Un couvre-pieds en guipure.

518 — Un siége en point de Hongrie.

519 — Cinq morceaux de soie brodée.

520 — Une tapisserie d'écran.

521 — Autre tapisserie d'écran.

522 — Diverses bandes de tapisserie.

523 — Deux bandes de tapisserie.

524 — Diverses bandes de brocart.

525 — Garniture en étoffe soutachée rouge et blanc sur soie verte, composé de dossier de lit, quatre lambrequins, fonds de lits et couvre-pieds.

526 — Deux rideaux en brocatelle bleu et jaune, brodés de soie.

527 — Deux très-beaux rideaux en satin brodé à personnages chinois.

528 — Deux morceaux de velours à parterre.

529 — 2 m. 60 cent. de brocart d'argent.

530 — Six morceaux de tapisserie, dessins vert, sur fond blanc.

531 — Douze pièces pour fauteuils en tapisserie, fond blanc orné de fleurs.

532 — Huit tapisseries pour quatre chaises, fond rouge à fleurs.

533 — Cinq morceaux de tapisserie pour siéges.

534 — Riche bordure en brocard d'argent.

535 — Un autre morceau de brocard d'argent.

536 — Lots variés de soieries anciennes; trois lambrequins et deux rideaux de soie rouge à raies. — Deux autres rideaux et un couvre-pieds en soie jaune. — Un coupon de damas rouge antique. — Un coupon de soie bleue et jaune, à raies, et un coupon de soie brodée sur fond blanc.

537 — Plusieurs morceaux d'anciennes tapisseries de l'époque de Henri IV, représentant des personnages dans un paysage.

Objets divers

538 — Quatre bustes un peu plus forts que nature en faïence italienne, en émaux de couleurs; ils sont sur piédouches également en faïence. Ils représentent une jeune femme portant collerette plate à tuyau, corsage bleu d'or, commencement d'épaules en vert. — Une autre femme avec bonnet à pointe, genre Marie Stuart. — Une troisième femme à tête nue, collerette montante. — Homme tête nue portant barbiche, collerette à tuyaux et cuirasse.

539 — Quatre grands panneaux d'appartements en bois sculpté et laqué, travail de Martin, imitant le laque de la Chine. Ils représentent des sujets avec personnages chinois, les quatre éléments.

540 — Deux médaillons ovales et trois carrés, même travail que les panneaux, entourés d'encadrements Louis XIV de la plus grande beauté.

541 — Petite cuiller, en bois très-finement sculpté, ornée de sujets saints, travail allemand.

542 — Grille en fer forgé de l'époque de Louis XIV, très-beau fronton.

Hauteur, 2 m. 60 cent.; Larg. 1 m. 70 cent.

543 — Christ sur une croix en bois sculpté, travail allemand du XVe siècle.

544 — Deux petites jardinières en faïence de Wedgwood fond bleu empois, avec palmettes et frises dorées en relief.

545 — Petite harpe portative de l'époque Louis XVI, en bois peint et doré.

546 — Très-belle vasque ou bassin en cuivre repoussé, travail oriental, anses à mufles d'hippopotame retenues par des anneaux en bronze.

547 — 22 jetons en argent de l'époque de Louis XVI, portrait à l'effigie du monarque.

548 — Superbe console rocaille en fer forgé avec pendentifs, frise et chutes en bronze doré.

Larg., 1 m. 30 cent.

549 — Deux gaînes en bois cannelé. Elles forment armoires; peinture imitant le marbre vert de mer.

550 — Deux anciennes clés de Chambellan en bronze doré; provenant de la vente Fould.

551 — Deux vases rouges laqués, imitation de porcelaine de Chine.

Haut., 0 m. 87 cent.

552 — Chatelaine Louis XIV à cuivre doré et ciselé.

553 — Trente plaques en terre émaillée de la Chine pour garniture de parquet.

Ce lot sera divisé.

554 — Un lot de cuir de Cordoue, 30 feuilles.

555 — Autre lot, 40 feuilles.

556 — Deux dessus de portes peints et un panneau décoratif avec figures mythologiques dans la manière de Gérard de Lairesse.

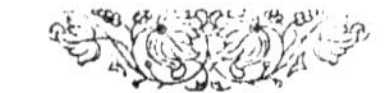

www.ingramcontent.com/pod-product-compliance
Ingram Content Group UK Ltd.
Pitfield, Milton Keynes, MK11 3LW, UK
UKHW022109170726
13837UKWH00003B/1136

9 782329 529097